数独游戏跨越了文字与文化疆域，被誉为是全球化时代的魔术方块"。

本书编写组◎编

越玩越聪明的数独游戏
YUEWANYUE CONGMING DE SHUDU YOUXI

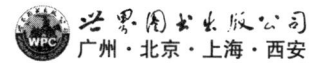

世界图书出版公司
广州·北京·上海·西安

图书在版编目（CIP）数据

越玩越聪明的数独游戏／《越玩越聪明的数独游戏》编写组主编．—广州：广东世界图书出版公司，2010.8（2024.2重印）

ISBN 978-7-5100-2613-3

Ⅰ.①越… Ⅱ.①越… Ⅲ.①智力游戏 Ⅳ.①G898.2

中国版本图书馆CIP数据核字（2010）第160316号

书　　名	越玩越聪明的数独游戏
	YUEWAN YUECONGMING DE SHUDU YOUXI
编　　者	《越玩越聪明的数独游戏》编写组
责任编辑	张梦婕
装帧设计	三棵树设计工作组
出版发行	世界图书出版有限公司　世界图书出版广东有限公司
地　　址	广州市海珠区新港西路大江冲25号
邮　　编	510300
电　　话	020-84452179
网　　址	http://www.gdst.com.cn
邮　　箱	wpc_gdst@163.com
经　　销	新华书店
印　　刷	唐山富达印务有限公司
开　　本	787mm×1092mm　1/16
印　　张	10
字　　数	120千字
版　　次	2010年8月第1版　2024年2月第11次印刷
国际书号	ISBN 978-7-5100-2613-3
定　　价	48.00元

版权所有　翻印必究

（如有印装错误，请与出版社联系）

前　言

2004年底，一种名为数独的数字拼图益智游戏开始风靡欧洲，在短短的几个月内，这种游戏令很多人为之疯狂，而且同步席卷了整个世界。

数独游戏是一个随手拿起笔就能玩的游戏，电脑上能玩，手机上能玩，纸上更能玩。从澳大利亚到克罗地亚，从法国到美国，各家报纸杂志纷纷刊登这种填数游戏。在英国，数独不仅已发展成全民游戏，还有教师主张用它来训练学生的智力。数独游戏相当有趣，几乎每个玩过的人都会上瘾，如今，数独这场智力旋风正劲吹我国，逐渐成为我国广大数独爱好者追逐的时尚，为国内开创了一种崭新的智力休闲生活方式。

数独规则简单，不需要填字游戏所要求的语言和文化背景知识，只需要认识9个数字就能够开始冲锋陷阵，因而它的大受欢迎也就不难理解了。数独富于变化，可以说变化是极其之多，据统计，数独游戏有近6.6×10^{21}种变化，游戏者穷其一生，也无法破解所有的数独谜题。

数独游戏对少年儿童的益处极大，它可以有效地锻炼观察能力、逻辑能力、推理能力和思维能力，同时也是对你的毅力的一种考验。有时明明看到前面是"山重水复疑无路"时，变个角度，换种思维，坚持下去，极有可能换来的就是"柳暗花明又一村"的全新格局，数独游戏展现的就是这种独特的魅力，正是这种独特的魅力才使玩者欲罢不能，深陷其中。

为了推动数独智力游戏蓬勃健康迅速地发展，本书编写组多方搜集资料，精心编排，汇编了这套《校园智慧小魔方丛书》，以献给广大数独爱好者。

　　本丛书共有五本，分别是《简简单单玩数独》、《风靡校园的数独游戏》、《青少年喜欢的数独游戏》、《数独游戏进阶测验》、《越玩越聪明的数独游戏》。

　　本书是此丛书之《越玩越聪明的数独游戏》，具有由浅入深，重点突出等特点。

　　受视野和水平所限，书中难免有不足之处，敬请读者批评指正。

目 录
CONTENTS

☆☆段位训练 /1

☆☆☆段位训练 /34

☆☆☆☆段位训练 /66

☆☆☆☆☆段位训练 /100

答 案 /132

☆☆ 段位训练

第 1 题

难度系数 ★☆☆☆

		9				1	6	2
5	7			2	8		3	
3			7					4
8	9			7		4		
	6		5		3		9	
		1		9			7	6
6					7			8
	4		1	3			6	5
	2	7	6			9		

第 2 题

难度系数 ★☆☆☆

3	9			1			4	8
8	4		9		5		6	2
		9	1		8	2		
	2						5	
		1	6		4	3		
5	8		7		1		2	3
2	1			8			9	7

 很简单的，不要填错哦。

第 3 题

难度系数 ★☆☆☆

4	8			1			2	9
		1	2		9	5		
6								3
	7			5			6	
		7	3		4	7		
	1			2			9	
2								1
		3	8		6	9		
9	5			3			6	7

很简单的，不要填错哦。

第 4 题

难度系数　★☆☆☆

	4	6		9		5	1	
		2	3		1	9		
			6		5			
6	7						5	4
	8						6	
5	2						9	8
			7		4			
		5	2		9	8		
	6	1		8		7	2	

很简单的，不要填错哦。

第 5 题

难度系数 ★☆☆☆

	1				5			
	8				6	2	9	
6	3		2					4
	5		8		9	7		
				1				
		9	5		7		3	
5					1		6	9
	9	3	7				1	
		2				3		

很简单的，不要填错哦。

第 6 题

难度系数 ★☆☆☆

9	1						3	7
		2				6		
8				6		9		5
	9		3		2		5	
		4		8		7		
	6		7		1		8	
6			2		8			4
		1				3		
2	5						1	9

很简单的,不要填错哦。

第 7 题

难度系数 ★☆☆☆

8		3			1			
						4		
1				2	8			3
9		4		6			1	7
			4		5			
2	1			8		3		6
3			2	7				5
		9						
			8			6		2

很简单的，不要填错哦。

第 8 题

难度系数 ★☆☆☆

		8				6		
	5			4			8	
7	9		6		8		4	5
4				5				6
			2		1			
2				7				3
9	1		5		7		3	8
	3			6			2	
		4				7		

很简单的，不要填错哦。

第 9 题

难度系数 ★☆☆☆

					7			4
8							6	
5	4		9	2				1
4	5	9		1				3
2								9
1				3		4	8	2
7				5	8		9	6
	1							5
6			7					

很简单的, 不要填错哦。

第 10 题

难度系数　★☆☆☆

			9		4			
	9	2	5	6	3	8	1	
6								5
5			4		8			3
	7						5	
2			7		9			1
7								4
	1	4	3	8	5	7	6	
			2		7			

很简单的，不要填错哦。

第 11 题

难度系数 ★☆☆☆

	8		4			7		
		6		3	9			8
4		9		1		5	2	
	7			5				1
	5	2	7		6	3	8	
9				8			7	
	4	7		2		8		3
2			1	4		6		
		5			3		9	

很简单的，不要填错哦。

第 12 题

难度系数 ★☆☆☆

			6		4			
5		1				4		8
	6		5		3		2	
4			3		2			6
3		5				7		4
8			7		9			5
	4		9		6		5	
6		7				8		2
			8		1			

很简单的，不要填错哦。

第 13 题

难度系数 ★☆☆☆

2								3
		3		4	1	5		
	9		5				6	
	6		2		3	1		
	2						7	
		5	9		6		8	
	3				5		9	
		1	7	2		6		
6								5

很简单的，不要填错哦。

第 14 题

难度系数 ★☆☆☆

						7	4	
	9		5		6		1	
8	1	2	7					
	5				4			7
6				8				3
1			3				2	
					3	4	7	6
		8		4		1		9
		6	5					

很简单的,不要填错哦。

第 15 题

难度系数　★☆☆☆

5		9			7		4	
			2	9		3		
	7					1		
	2	1	9	4			7	
				3				
	4			7	8	5	1	
		7					8	
		6		2	1			
	5		7			4		9

很简单的，不要填错哦。

第 16 题

难度系数 ★☆☆☆

4								2
	2	7	4		8	9	1	
			7	9	2			
3	8						9	5
		9				6		
6	4						7	1
			6	3	1			
		1	8	5		9	3	4
2								9

很简单的，不要填错哦。

第 17 题

难度系数　★☆☆☆

		3				1		
6	9		3		4		8	2
	2			8			7	
4			9		1			8
	3						9	
2			8		3			1
	4			9			1	
9	8		4		7		3	5
		5				6		

很简单的，不要填错哦。

第 18 题

难度系数 ★☆☆☆

	3	1				7	2	
		4		6		3		
			1		9			
2		8	5		3	4		7
	1						3	
3		7	6		4	8		2
			7		6			
		9		2		1		
	6	5				2	7	

很简单的，不要填错哦。

第 19 题

难度系数　★☆☆☆

5								4
		3	2	8	6	5		
9		1				3		2
	4		9		1		3	
2								5
	3		8		5		2	
7		6				4		8
		2	6	1	4	7		
3								9

很简单的，不要填错哦。

第 20 题

难度系数　★☆☆☆

9				7				6
1			9		8			5
		3		6		1		
	7		6	8	1		2	
		5				6		
	1		5	9	2		3	
		7		5		9		
6			2		9			3
5				4				8

很简单的，不要填错哦。

第 21 题

难度系数 ★☆☆☆

9		2		7		8		
		4			9		6	
1	3		5					2
4			8	5			1	
	8	9	4		1	6	7	
	1			3	6			8
8					2		3	6
	5		6			9		
		7		4		2		1

很简单的，不要填错哦。

第 22 题

难度系数 ★☆☆☆

						3		
	8				3			9
	2	4		7			8	6
9					5	4		8
			4		2			
1		6	9					5
5	6			3		1	4	
4			5				9	
		7						

很简单的,不要填错哦。

第 23 题

难度系数 ★☆☆☆

						2	1	
	6	9		4			7	
4				1			6	
3			8		5			
	9	1				7	3	
			9		1			5
	7			5				2
	3			2		4	1	
		2	4					

很简单的，不要填错哦。

第 24 题

难度系数 ★☆☆☆

3	5			1	8		2	
				7			1	9
						7		
		4	8		1		7	
9				4				8
	8		6		2	9		
		5						
8	9				5			
	3			2	7		5	6

很简单的，不要填错哦。

第 25 题

难度系数 ★☆☆☆

	1						2	
		5	4		1	9		
8		6		9		7		5
7			3		4			6
	2						7	
4			7		9			1
9		7		5		3		8
		2	6		8	1		
	8						5	

很简单的,不要填错哦。

第 26 题

难度系数 ★☆☆☆

7		8		1		9		4
	3	2				6	7	
4			1		9			7
		6	2		8	4		
2			5		3			8
	9	3				2	1	
6		7		9		5		3

很简单的，不要填错哦。

第 27 题

难度系数　★☆☆☆

1							4	9
			8					
8	2		7			6	1	3
					9	5		6
	6						8	
5		9	6					
4	8	5			7		9	2
				2				
7	9							4

很简单的，不要填错哦。

第 28 题

难度系数　★☆☆☆

		8	2	7	1	6		
		6				8		
7								5
2			1		3			6
3	5		6		9		4	7
8			7		5			3
1								4
		5				3		
		9	8	5	7	1		

很简单的，不要填错哦。

第 29 题

难度系数　★☆☆☆

		3	4		8	2		
	7		1		2		4	
	1						6	
3				4				6
7		2				8		5
5				2				3
	3						5	
	5		6		7		3	
		9	5		4	1		

很简单的，不要填错哦。

第 30 题

难度系数　★☆☆☆

		9				1		
5				7				4
		7	9	1	5	8		
9		2				4		8
	7		2		8		3	
3		5				2		7
		8	3	9	4	7		
4				6				9
		6				3		

很简单的，不要填错哦。

第 31 题

难度系数 ★☆☆☆

4				3	2	1		5
	5		7	6	4			9
	2					7	6	
8			4		1		9	
3				5	7	4		8
2	4	6	8			5		
	3	2	5	4			1	6
				7		8		
					6	3	4	

很简单的，不要填错哦。

第 32 题

难度系数　★☆☆☆

2					9			1
		5				6		
1				4		3	2	7
	1	7	8					
			3		5			
					7	1	8	
3	4	6			1			2
		2				8		
9			7					4

 很简单的，不要填错哦。

第 33 题

难度系数　★☆☆☆

7	2	5		6	1			4
								1
		6			5			
		8		3	6	4	7	
4	3	1	7					
2		7		5	4		3	
1	7		5	4			8	
3	8					2		
6			8	2	3	7	1	9

很简单的，不要填错哦。

☆☆☆ 段位训练

第 34 题

难度系数 ★★☆☆

			1		9		2	7	
		9			2			5	
2						3			
3					1	4			2
	8							4	
1			2	8				5	
				9					7
		1		3			9		
		4	6		7		5		

第 35 题

难度系数 ★★☆☆

			4		9			
	8			2		7		
	2		5		7	1		6
3			8				6	
7	6						3	1
	1				6			2
2		5	9		8		4	
		9		7			1	
			6		5			

笑不出来了吧,等着瞧吧,看谁更厉害!

第 36 题

难度系数　　★★☆☆

						9	4	5
		6						
5	2		1		3	8		7
	9		3	1				
		3		8		1		
				4	6		2	
7		5	2		8		1	9
						3		
8	6	1						

笑不出来了吧，等着瞧吧，看谁更厉害！

第 37 题

难度系数 ★★☆☆

2			7				5	
				4	8			6
					2	3		9
9			6			2	4	
	7			2			8	
	2	5			1			3
8		4	9					
6			4	8				
	9			3				8

笑不出来了吧,等着瞧吧,看谁更厉害!

第 38 题

难度系数　★★☆☆

	6	5				3		
2				6	7	9		
	4		3					1
		6		5				4
			4		2			
7				8		1		
6					4		1	
		8	5	7				6
		1				8	3	

笑不出来了吧,等着瞧吧,看谁更厉害!

第 39 题

难度系数 ★★☆☆

	2	7	9					
	5				2		8	4
		8				2		7
	7			3				6
			8	1	7			
3				4			2	
1		6				3		
2	4		6				1	
					5	6	4	

笑不出来了吧,等着瞧吧,看谁更厉害!

第 40 题

难度系数　★★☆☆

9			2	7	8	1		
		1		3		2	4	9
		3						
	3		8					
	7					5		
					4		3	
						3		
5	7	8		4		9		
		4	5	1	6			7

笑不出来了吧,等着瞧吧,看谁更厉害!

第 41 题

难度系数 ★★☆☆

		6			7			9
8				3		1		
9			6		5		3	
		3					1	8
				9		1		
2	1					6		
	6		7		3			1
		9		2				4
7			8		5			

笑不出来了吧,等着瞧吧,看谁更厉害!

第 42 题

难度系数 ★★☆☆

4	7		1		8		2	9
		6	9	2	7	1		
	9		6		1		3	
3								4
	4		7		9		8	
		4	8	7	5	3		
5	8		4		3		9	7

笑不出来了吧，等着瞧吧，看谁更厉害！

第 43 题

难度系数 ★★☆☆

	5		8		1		9	
7	3						5	4
8				3				1
		8	3		2	1		
		6	7		4	5		
1				5				9
3	8						1	2
	4		6		8		3	

笑不出来了吧,等着瞧吧,看谁更厉害!

第 44 题

难度系数 ★★☆☆

		3					4	
4	1				5		2	
				9	2			3
	4	1		5				
		9	8		3	4		
				7			6	8
2			7	6				
	6		2				9	8
	3					7		

笑不出来了吧,等着瞧吧,看谁更厉害!

第 45 题

难度系数　★★☆☆

					2	3	8	5
	7							9
					8		6	1
7				1		5		
	5		7		9		3	
		1		3				8
8	1		6					
6							2	
9	3	5	4					

笑不出来了吧,等着瞧吧,看谁更厉害!

第 46 题

难度系数　★★☆☆

3		1				2		9
				1		6		
5	4						8	1
			6	1	3			
2				9		5		3
				8	4	2		
1	9						3	5
				4		8		
4		2				8		7

笑不出来了吧,等着瞧吧,看谁更厉害!

第 47 题

难度系数　★★☆☆

	2						1	
			8		5			
8		1				6		4
	3	2	7		4	5	9	
6								8
	8	5	2		9	1	7	
2		8				4		9
			4		1			
	9						5	

笑不出来了吧,等着瞧吧,看谁更厉害!

第 48 题

难度系数 ★★☆☆

2								8
		5	3		2	4		
	9		1		5		2	
	5	3		6		9	1	
		2				3		
	8	6		9		5	7	
	6		7		8		4	
		9	6		4	7		
3								1

笑不出来了吧,等着瞧吧,看谁更厉害!

第 49 题

难度系数 ★★☆☆

					2	9	3	
							1	5
	4	6						7
	6		8		4			9
		8	1		7	6		
4			2		9		5	
3						2	9	
7	9							
	2	5	3					

笑不出来了吧,等着瞧吧,看谁更厉害!

第 50 题

难度系数 ★★☆☆

2		6	9		7			
	9	5				6	3	
				3		2		
	5			4				1
			3		2			
4				7			6	
		1		6				
	7	9				1	8	
			1		8	4		9

笑不出来了吧,等着瞧吧,看谁更厉害!

第 51 题

难度系数　★★☆☆

			4				8	3
	5		7	9				6
2			8			4		
7				3				8
		1				2		
5				4				7
		7			6			1
9				1	4		3	
1	4			9				

笑不出来了吧,等着瞧吧,看谁更厉害!

第 52 题

难度系数 ★★☆☆

8		4	5		9	6		1
	9	1				7	4	
				3				
7			4		8			6
		3				9		
4			9		3			2
				9				
	7	6				5	8	
9		2	8		7	1		3

笑不出来了吧,等着瞧吧,看谁更厉害!

第 53 题

难度系数 ★★☆☆

				5				
3	2		4		9		6	5
	7						1	
	4	7		8		6	3	
			5		2			
	6	9		4		1	5	
	1						8	
8	3		6		7		4	9
				2				

笑不出来了吧,等着瞧吧,看谁更厉害!

第 54 题

难度系数

	4	1			8			2
	2		4	1				
	3							5
			5		1	7		9
	5					6		
4		9	2		7			
3							1	
				8	2		3	
6			7			4	9	

笑不出来了吧,等着瞧吧,看谁更厉害!

第 55 题

难度系数　★★☆☆

	7			6			4	
			1		9			
	2	5					7	6
5		1	6		7	3		4
			5		2			
2		9	8		4	6		5
	9	7				2	8	
			9		1			
	1			8			9	

笑不出来了吧,等着瞧吧,看谁更厉害!

第 56 题

难度系数　★★☆☆

4								7
	6		8	4	9		2	
9				2				3
	7		5	9	2		3	
		9				2		
	4		6	8	3		5	
7				1				8
	8		7	3	4		1	
2								4

笑不出来了吧,等着瞧吧,看谁更厉害!

第 57 题

难度系数 ★★☆☆

6		9				4		2
	2		7		9		1	
		8				5		
9			3		4			5
				1				
3			6		7			4
		7				6		
	3		5		1		4	
4		1				3		9

笑不出来了吧,等着瞧吧,看谁更厉害!

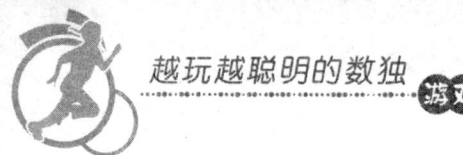

第58题

难度系数　★★☆☆

				2	9			
6								5
	1	9	6			3		
	7	8	5				4	9
		1			5			
4	5				7	2	8	
		2		1	6	9		
3								2
			7	3				

笑不出来了吧,等着瞧吧,看谁更厉害!

第 59 题

难度系数　★★☆☆

			2				7	3
1								
6				7	9			
		4				5		
	9		1		3			8
	8						4	
3			6		2		1	
		7				1		
			9	5				7
8	3				7			5

笑不出来了吧,等着瞧吧,看谁更厉害!

第 60 题

难度系数　★★☆☆

5	2						3	6
		1	8		6	4		
		7		4		5		
	4		6		3		8	
		2				9		
	5		4		1		6	
		6		3		2		
		8	2		7	6		
2	7						1	4

笑不出来了吧,等着瞧吧,看谁更厉害!

第 61 题

难度系数　★★☆☆

7				6				5
3	2	4				6	9	8
	6						2	
		7	3		4	8		
				1		6		
		6	9		2	5		
	3						5	
6	4	2				7	8	3
1				2				9

笑不出来了吧,等着瞧吧,看谁更厉害!

第 62 题

难度系数　★★☆☆

				6	1			
					8		4	9	6
									7
6	9							7
7		6					8	
1	5						3	9
	2					7		4
2							7	8
8	6	1		9				
				6	3			

笑不出来了吧，等着瞧吧，看谁更厉害！

第 63 题

难度系数 ★★☆☆

	1	4				3		
				8			9	4
2				6		5		8
					5		9	
	7	1				2	8	
	6		9					
1		5		2				4
	2	3			8			
		9				8	6	

笑不出来了吧,等着瞧吧,看谁更厉害!

第 64 题

难度系数　★★☆☆

5	6	4			1			
					9	8		6
				3	4			
7				4			8	3
	5						9	
1	2			8				5
			4	7				
8		2	5					
			2			5	3	7

笑不出来了吧,等着瞧吧,看谁更厉害!

第 65 题

难度系数 ★★☆☆

			3					8
5	3		7					4
		4			8	2		9
	5	1						
	9						8	
						3	5	
4		7	8			6		
6					2		1	7
3				4				

笑不出来了吧,等着瞧吧,看谁更厉害!

☆☆☆☆ 段位训练

第66题

难度系数 ★★★☆

	1						8	
			7		2			
5				9				4
3		7				1		2
		8	3		6	4		
6		5				8		9
7				3				6
			1		8			
		3					4	

第 67 题

难度系数　★★★☆

9				3				
	7				8	9		
		2		5				1
				7	5		4	2
		3					1	
7	4		3	1				
3				4		2		
		6	1				7	
				8				4

真不简单,居然闯到这道关了,加油啊!

第 68 题

难度系数 ★★★☆

						8	7	
			8	2				1
9				8	7			
	4			6		5	3	
	7	6		3			8	
				8	4			2
5					2	9		
	1	3						

真不简单,居然闯到这道关了,加油啊!

第 69 题

难度系数 ★★★☆

1			9				3	5
	7				3		2	
		6		1				
3				6				
2	5						8	3
				5				9
				3		8		
	9		6				4	
5	8				7			1

真不简单,居然闯到这道关了,加油啊!

第 70 题

难度系数

	6							
9	7		8			6	2	
		1			3			5
6		4		1		2		
		5		7		8		1
3			7			4		
	5	6			8		1	7
							6	

真不简单，居然闯到这道关了，加油啊！

第71题

难度系数 ★★★☆

			2					9
	1	6				8	4	
7						3	6	
6	4			7		8		
		7		6			3	5
		8	4					9
		4	1			2	5	
	7				2			

真不简单,居然闯到这道关了,加油啊!

第 72 题

难度系数　★★★☆

1				2		3		9
		6				2		
		3	7		8	4		
6								3
	3	9				1	7	
4								5
		4	8		2	7		
		1				9		
2			4		9			8

真不简单，居然闯到这道关了，加油啊！

第 73 题

难度系数 ★★★☆

		9		3			1	
7	5						4	9
	1					7		
8			2	6	1			7
4			5	9	7			3
	8					5		
2	6						1	8
		7		8		6		

真不简单,居然闯到这道关了,加油啊!

第 74 题

难度系数 ★★★☆

2	9						1	7
				7		3		
	7						6	
6				5				3
9	3			8			4	6
4				6				2
	5						8	
			6		5			
3	4						2	1

真不简单,居然闯到这道关了,加油啊!

第 75 题

难度系数　★★★☆

	3			5			4	
2		9				3		8
		7				6		
			1		4			
	8						1	
			8		7			
		6				4		
5		8				1		7
	4			3			8	

真不简单,居然闯到这道关了,加油啊!

第76题

难度系数 ★★★☆

				2			8	
		4			9	5	2	
		7	4	6			5	9
		3				1		
5	6			9	8	4		
	3	9	1			7		
	2			3				

真不简单,居然闯到这道关了,加油啊!

第 77 题

难度系数 ★★★☆

		4	7	8				
8	1						6	7
								5
				4	3			
		5	4		7		1	8
			5	9				
6								
5	3						9	1
					7	3	5	

真不简单,居然闯到这道关了,加油啊!

第 78 题

难度系数 ★★★☆

	4			5			3	
9	5						1	2
		2				6		
8			5		6			9
1			7		4			5
		3				8		
2	8						9	7
	7			6			4	

真不简单,居然闯到这道关了,加油啊!

第 79 题

难度系数　★★★☆

					9			
1		6			8			
				7	4	2		9
5							4	
		7	2		1	5		
	8							1
8		4	5	1				
			4			6		8
			7					

真不简单，居然闯到这道关了，加油啊！

第 80 题

难度系数

5		1				9		6
7				6				3
			7		2			
	3		1		5			
	5			8			4	
	8		2		7			
			8		6			
8				7				9
6		9				3		5

真不简单,居然闯到这道关了,加油啊!

第 81 题

难度系数　★★★☆

	5		4			2		9
					5			4
	7			6				
9							5	8
		4		7		3		
8	2							7
				9			6	
6			7					
1		2			6		3	

真不简单,居然闯到这道关了,加油啊!

第 82 题

难度系数　★★★☆

		1				3		
		2				7		
			8	2	3			
2				9				6
	1		4		5		7	
3				7				4
			7	6	2			
		7				5		
		8				4		

真不简单，居然闯到这道关了，加油啊！

第 83 题

难度系数 ★★★☆

9	3			6				5
	1						3	8
			8					
			5		2	8		
7								9
		2	1		4			
					1			
1	4						2	
5				2			8	7

真不简单,居然闯到这道关了,加油啊!

第 84 题

难度系数 ★★★☆

		7			4			8
		8						3
					6	1	2	
				4			7	
2		4				3		9
	9			2				
		6	1	9				
5						8		
9			7			6		

真不简单,居然闯到这道关了,加油啊!

第 85 题

难度系数 ★★★☆

	3							5
	8	9		3		1		
2								
9					7	5		6
			6		5			
5		2	3					4
								9
		7		1		2	3	
6							5	

真不简单,居然闯到这道关了,加油啊!

第86题

难度系数 ★★★☆

			8		1			
9								3
	4					2		
			2		4			
	1						6	
	8	9				5	2	
	9	6		5		3	1	
		5		2		7		
	4		6		3		8	

真不简单,居然闯到这道关了,加油啊!

第 87 题

难度系数　★★★☆

		3		6		9		
			3		2			
6			5	4	9			2
	9	6				3	8	
5		8				2		6
	3	2				1	7	
8			2	3	4			1
			8		7			
		5		1		8		

真不简单，居然闯到这道关了，加油啊！

第 88 题

难度系数

								7
					3	6		
						8	1	6
					7		1	
		6			4		8	2
	4	7	5	8		3		
			1			5	2	
				9	6			1
9		2		1			5	

真不简单,居然闯到这道关了,加油啊!

第 89 题

难度系数 ★★★☆

2	7					4		6
		3	6		8	5		
	7	2	3		4	1	6	
	5		1		9		2	
	8	4	2		5	7	9	
		9	8		2	6		
7		8				9		1

真不简单,居然闯到这道关了,加油啊!

第 90 题

难度系数　★★★☆

4				8		3		
		1						4
	8		7	4				
		6		7	9			3
2		8	5			9		1
			2				4	
1				9				
					4			6
	9		3	6			5	

真不简单,居然闯到这道关了,加油啊!

第 91 题

难度系数 ★★★☆

		2		4		6		
		4	7		6	8		
6				5				4
8		9	2		1	5		6
2		5	4		3	9		7
9				2				5
		1	8		4	2		
		7		9		1		

真不简单,居然闯到这道关了,加油啊!

第 92 题

难度系数　★★★☆

		1				9		
	4	2		8	7			
	7	3				2	8	
7		9				1		3
			6	7	3			
				1				
	6		7		9		4	
	7					3		
2			5		1			9

真不简单，居然闯到这道关了，加油啊！

第 93 题

难度系数　★★★☆

		3			9			
6		8			7		3	
	2			6				
					8		6	4
8			3		4	2		
	9		2	1				
							7	5
	1		4			6		
				7			9	

真不简单,居然闯到这道关了,加油啊!

第 94 题

难度系数　★★★☆

				5			3	6
	8							
4		5	1			9		
8		4	3		1		9	
3				8			6	
5		6	9		4		2	
7		1	6			2		
	5							
				1			7	5

真不简单,居然闯到这道关了,加油啊!

第 95 题

难度系数 ★★★☆

						5		
	1				3			
			9	5		1		6
	5	3		8		6	9	
		1		2				
	9	2		7		4	1	
			5	6		8		4
	2				4			
						7		

真不简单,居然闯到这道关了,加油啊!

第 96 题

难度系数 ★★★☆

				3	7	5		6
							5	3	1
	5			3	9			
	1		5			2	4	6
	7		4			3		
		7		5	6			
4	5			9			2	7
	6		1			8		

真不简单,居然闯到这道关了,加油啊!

第 97 题

难度系数 ★★★☆

2								5
7			1	8	6			9
5			7	2	8			6
	7	3	5		1	8	4	
	9	5	4		3	7	2	
3			2		9			4
	1						6	

真不简单,居然闯到这道关了,加油啊!

第 98 题

难度系数 ★★★☆

						5	7	9
2	8	5			6			3
		1		5	9			6
4					1			9
9				4	3		2	
3					7		9	6	1
		2	9	3				

真不简单,居然闯到这道关了,加油啊!

第 99 题

难度系数 ★★★☆

						6	5	
	3		7		1		9	2
9	2			1			7	6
		8	5		7	3		
3	7			9			2	5
5	1		9		2		3	
			2	4				

真不简单,居然闯到这道关了,加油啊!

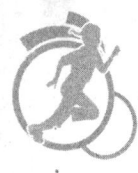

☆☆☆☆☆段位训练

第 100 题

难度系数 ★★★★

6					5		3	8
7					8	2		
			6				5	
2		8	7		9			6
1			2		3	7		5
	9				2			
		2	1					4
3	6		4					2

第 101 题

难度系数 ★★★★

5		8				3	2	
		1			5			7
	6							1
8				6	1			
		4	9		2	7		
				7	8			6
2							7	
1			3			6		
	7	6				2		8

耶，成功了！你是最棒的！

第 102 题

难度系数 ★★★★

2								4
		3				6		
7			4		6			5
	2		8		4		3	
			7		9			
	9		1		3		8	
4			2		1			8
		2				4		
6								7

耶,成功了!你是最棒的!

第 103 题

难度系数 ★★★★

					1	4		6
		6					8	
3	8			6	2			
4				1				
	5	3				6	4	
				5				9
			1	4			2	7
	3					8		
9		2	5					

耶，成功了！你是最棒的！

第 104 题

难度系数 ★★★★

6				2				
2	4			9	1			
	8	3						
	2					1		3
		4	9		6	7		
5		6					8	
						5	3	
			2	5			1	7
				8				6

耶, 成功了! 你是最棒的!

第 105 题

难度系数 ★★★★

1			6			8	3	
					1		5	
	8		5			6		9
				4				2
		8				3		
5				7				
8		6			2		7	
	5		7					
	7	9			6			3

耶，成功了！你是最棒的！

第 106 题

难度系数

	7					1	6	9
				1		8		
		8		7	3			
	3				2			8
	2					5		
6			7				3	
	3	6		5				
	5		8					
9	8	6					2	

耶，成功了！你是最棒的！

第 107 题

难度系数　★★★★

		4	2		6	9		
							3	
		9	4	1				5
					1	7		4
	9						5	
7		3	9					
6				8	5	3		
	3							
		8	3			7	2	

耶，成功了! 你是最棒的!

第 108 题

难度系数 ★★★★

8						6	1	
3							7	
8				7		5		
		2		7			8	4
4	7			9		5		
			5		2			6
		1						8
		4	1					7

耶，成功了！你是最棒的！

第 109 题

难度系数 ★★★★

	6		5		9		1	
		9		3		2		
8								7
		1				5		
	9		6		1		4	
		7				3		
9								5
		5		9		4		
	7		8		4		2	

耶,成功了!你是最棒的!

第110题

难度系数 ★★★★

2			1		5			3
		9	3		7	2		
	8			6			3	
	7						5	
	5			7			9	
		7	9		1	8		
1			6		2			7

耶，成功了！你是最棒的！

第 111 题

难度系数 ★★★★

9					3	4		
						7		
	5			8	1			
6			1			9		4
7								8
2		8			4			6
			3	5			2	
		1						
		2	4					7

耶，成功了！你是最棒的！

第 112 题

难度系数 ★★★★

	3	1						
	2					4	3	7
	5			7				9
			3		9			
		8				6		
			8		5			
4				2			8	
6	8	7					4	
						1	7	

耶，成功了！你是最棒的！

第 113 题

难度系数 ★★★★

		7						2
		1		8			9	6
	2				9	3		
					4			
		5	9		6	1		
			3					
		2	8				5	
1	4			5		7		
7						6		

耶,成功了!你是最棒的!

第 114 题

难度系数 ★★★★

					9		4	
		2					7	6
9			7		5			
					7		2	
3								8
	4		1					
			3		6			5
1	2					3		
	9		8					

耶，成功了！你是最棒的！

第 115 题

难度系数 ★★★★

			9			8		
4	9							
5				3			7	
			2			1		
		8	4		1	2		
		6			7			
	6			5				3
							4	2
		4			8			

耶，成功了！你是最棒的！

第 116 题

难度系数　★★★★

	4			9		7		5
		3					1	
	1							
6					4			1
		7	6		2	8		
2			5					3
							2	
	5					9		
3		9		7		8		

耶，成功了！你是最棒的！

第 117 题

难度系数 ★★★★

5					8			
8		4	3				5	
				1				8
	5	6		4				
				3		8	2	
2				5				
	1				9	4		6
			4					5

耶，成功了！你是最棒的！

第118题

难度系数 ★★★★

	9		3					
	1			9			5	
		8		5			7	
						1		8
6				9		8		3
9		4						
	2			7		9		
	6			4			2	
				9		8		

耶,成功了!你是最棒的!

第 119 题

难度系数 ★★★★

			4					2
		4		1	2			9
	7				8			
	2			9		1	7	
				8				
	6	1		5			4	
			9				5	
6			1	2		3		
1				3				

耶,成功了! 你是最棒的!

第 120 题

难度系数 ★★★★

1				3	4			9
7	4							
				8		2		
	9		7	2		1	5	
	1	7		9	3		2	
		3		5				
							9	6
6			9	7				5

耶，成功了！你是最棒的！

第 121 题

难度系数 ★★★★

	6						2	7
			5	1				
7			8					9
5	4		7					
			4		8			
				3			8	2
3					2			1
				6	3			
6	9						3	

耶，成功了！你是最棒的！

第 122 题

难度系数 ★★★★

			3	4				
2						4		7
	7				8			5
		3			1			2
		9		6		8		
7			2			3		
5			6				1	
1		2						9
				1	4			

耶，成功了！你是最棒的！

第 123 题

难度系数 ★★★★

	8						2	
		1				6		
2				5				3
		6	5		1	2		
9				6		4		9
		4	7		9	3		
6				1				5
		7				9		
	4						3	

耶，成功了！你是最棒的！

第 124 题

难度系数 ★★★★

	1	9	2			5		
7					8	3		
		4		5				
3								
		2		1		7		8
								1
					4		5	
			5		1			6
		2			6	7	9	

耶，成功了！你是最棒的！

第 125 题

难度系数　★★★★

	9		5	6	8		2	
	5	6				7	9	
3			4		9			7
4			2		1			8
	7	4				5	1	
	2		1	3	4		7	

耶，成功了！你是最棒的！

第 126 题

难度系数　★★★★

1								4
2	4	5				7		8
	3		5					
9					3	1		
				8	7			
		7	6					2
					9		4	
4		2				6	5	3
3								9

耶，成功了！你是最棒的！

第 127 题

难度系数　★★★★

		1	4					
				7	8	6		1
				5		9		
	8						2	3
	1	3				5	6	
9	5						7	
		5		4				
3		9	1	8				
					7	3		

耶，成功了！你是最棒的！

第 128 题

难度系数 ★★★★

1								9
	6		8		7		5	
		7				2		
2	1			5			9	3
			4		8			
4	3			2			8	7
		1				9		
	5		6		9		4	
6								8

耶，成功了！你是最棒的！

第 129 题

难度系数　★★★★

					8			2
4						7	9	
8		3	4					
					5			1
9	4			1			5	2
5			3					
					9	7		3
		9	8					4
	3			6				

耶，成功了！你是最棒的！

第 130 题

难度系数 ★★★★

			4	6		5	8	
8		2				5		1
3			2		8			7
				4		6		
2			5		1			8
7		6				4		9
		8	3		9	6		

耶，成功了！你是最棒的！

第 *131* 题

难度系数 ★★★★

			4	7	5			
4			2		8			9
	7						2	
3								1
	1	5				3	4	
2								8
	6						8	
1			3		7			4
			8	1	2			

耶,成功了!你是最棒的!

答　案

☆☆段位训练答案

1

4	8	9	3	5	1	6	2	7
5	7	6	4	2	8	1	3	9
3	1	2	7	6	9	5	8	4
8	9	3	2	7	6	4	5	1
7	6	4	5	1	3	8	9	2
2	5	1	8	9	4	3	7	6
6	3	5	9	4	7	2	1	8
9	4	8	1	3	2	7	6	5
1	2	7	6	8	5	9	4	3

2

3	9	5	2	1	6	7	4	8
8	4	7	9	3	5	1	6	2
1	6	2	8	4	7	9	3	5
4	3	9	1	5	8	2	7	6
6	2	8	3	7	9	4	5	1
7	5	1	6	2	4	3	8	9
9	7	3	5	6	2	8	1	4
5	8	4	7	9	1	6	2	3
2	1	6	4	8	3	5	9	7

3

4	8	5	7	1	3	6	2	9
7	3	1	2	6	9	5	4	8
6	9	2	5	4	8	1	7	3
8	7	6	9	5	1	2	3	4
5	2	9	3	8	4	7	1	6
3	1	4	6	2	7	8	9	5
2	6	7	1	3	5	9	8	4
1	4	3	8	7	6	9	5	2
9	5	8	1	3	2	4	6	7

4

3	4	6	8	9	7	5	1	2
8	5	2	3	4	1	9	7	6
9	1	7	6	2	5	4	8	3
6	7	9	1	3	8	2	5	4
1	8	4	9	5	2	3	6	7
5	2	3	4	7	6	1	9	8
2	9	8	7	1	4	6	3	5
7	3	5	2	6	9	8	4	1
4	6	1	5	8	3	7	2	9

5

9	2	1	4	7	3	5	8	6
7	8	4	1	5	6	2	9	3
6	3	5	2	9	8	1	7	4
4	5	6	8	3	9	7	2	1
3	7	8	6	1	2	9	4	5
2	1	9	5	4	7	6	3	8
5	4	7	3	2	1	8	6	9
8	9	3	7	6	5	4	1	2
1	6	2	9	8	4	3	5	7

6

9	1	6	8	5	4	2	3	7
5	4	2	1	7	3	6	9	8
8	7	3	6	2	9	1	4	5
7	9	8	3	6	2	4	5	1
1	2	4	9	8	5	7	6	3
3	6	5	7	4	1	9	8	2
6	3	9	2	1	8	5	7	4
4	8	1	5	9	7	3	2	6
2	5	7	4	3	6	8	1	9

7

8	7	3	5	4	1	2	6	9
5	9	2	6	3	7	4	8	1
1	4	6	9	2	8	7	5	3
9	8	4	3	6	2	5	1	7
6	3	7	4	1	5	9	2	8
2	1	5	7	8	9	3	4	6
3	6	8	2	7	4	1	9	5
7	2	9	1	5	6	8	3	4
4	5	1	8	9	3	6	7	2

8

1	4	8	7	3	5	6	9	2
6	5	3	9	4	2	1	8	7
7	9	2	6	1	8	3	4	5
4	7	9	8	5	3	2	1	6
3	6	5	2	9	1	8	7	4
2	8	1	4	7	6	9	5	3
9	1	6	5	2	7	4	3	8
8	3	7	1	6	4	5	2	9
5	2	4	3	8	9	7	6	1

9

3	6	2	1	8	7	9	5	4
8	9	1	3	4	5	2	6	7
5	4	7	9	2	6	8	3	1
4	5	9	8	1	2	6	7	3
2	8	3	6	7	4	5	1	9
1	7	6	5	3	9	4	8	2
7	3	4	2	5	8	1	9	6
9	1	8	4	6	3	7	2	5
6	2	5	7	9	1	3	4	8

10

1	8	5	9	7	4	3	2	6
4	9	2	5	6	3	8	1	7
6	3	7	8	2	1	9	4	5
5	6	9	4	1	8	2	7	3
8	7	1	6	3	2	4	5	9
2	4	3	7	5	9	6	8	1
7	2	8	1	9	6	5	3	4
9	1	4	3	8	5	7	6	2
3	5	6	2	4	7	1	9	8

答案

11

5	8	1	4	6	2	7	3	9
7	2	6	5	3	9	1	4	8
4	3	9	8	1	7	5	2	6
3	7	8	2	5	4	9	6	1
1	5	2	7	9	6	3	8	4
9	6	4	3	8	1	2	7	5
6	4	7	9	2	5	8	1	3
2	9	3	1	4	8	6	5	7
8	1	5	6	7	3	4	9	2

12

9	8	2	6	1	4	5	7	3
5	3	1	2	9	7	4	6	8
7	6	4	5	8	3	9	2	1
4	7	9	3	5	2	1	8	6
3	2	5	1	6	8	7	9	4
8	1	6	7	4	9	2	3	5
1	4	8	9	2	6	3	5	7
6	9	7	4	3	5	8	1	2
2	5	3	8	7	1	6	4	9

13

2	5	6	8	9	7	4	1	3
7	8	3	6	4	1	5	2	9
1	9	4	5	3	2	8	6	7
9	6	7	2	8	3	1	5	4
3	2	8	1	5	4	9	7	6
4	1	5	9	7	6	3	8	2
8	3	2	4	6	5	7	9	1
5	4	1	7	2	9	6	3	8
6	7	9	3	1	8	2	4	5

14

5	3	6	1	2	8	7	4	9
7	9	4	5	3	6	2	1	8
8	1	2	7	4	9	3	6	5
2	5	3	6	1	4	9	8	7
6	4	9	2	8	7	1	5	3
1	7	8	3	9	5	6	2	4
9	2	1	8	5	3	4	7	6
3	8	7	4	6	1	5	9	2
4	6	5	9	7	2	8	3	1

15

5	6	9	3	1	7	2	4	8
8	1	4	2	9	6	3	5	7
3	7	2	5	8	4	1	9	6
6	2	1	9	4	5	8	7	3
7	8	5	1	3	2	9	6	4
9	4	3	6	7	8	5	1	2
2	3	7	4	5	9	6	8	1
4	9	6	8	2	1	7	3	5
1	5	8	7	6	3	4	2	9

16

4	9	6	3	1	5	7	8	2
5	2	7	4	6	8	9	1	3
8	3	1	7	9	2	5	6	4
3	8	2	1	7	6	4	9	5
1	7	9	2	5	4	6	3	8
6	4	5	9	8	3	2	7	1
9	5	4	6	3	1	8	2	7
7	1	8	5	2	9	3	4	6
2	6	3	8	4	7	1	5	9

17

8	7	3	5	2	9	1	6	4
6	9	1	3	7	4	5	8	2
5	2	4	1	8	6	9	7	3
4	5	7	9	6	1	3	2	8
1	3	8	7	5	2	4	9	6
2	6	9	8	4	3	7	5	1
3	4	2	6	9	5	8	1	7
9	8	6	4	1	7	2	3	5
7	1	5	2	3	8	6	4	9

18

6	3	1	4	5	8	7	2	9
9	8	4	2	6	7	3	5	1
5	7	2	1	3	9	6	4	8
2	9	8	5	1	3	4	6	7
4	1	6	8	7	2	9	3	5
3	5	7	6	9	4	8	1	2
1	2	3	7	8	6	5	9	4
7	4	9	3	2	5	1	8	6
8	6	5	9	4	1	2	7	3

19

5	2	8	1	3	9	6	7	4
4	7	3	2	8	6	5	9	1
9	6	1	4	5	7	3	8	2
6	4	5	9	2	1	8	3	7
2	8	9	7	6	3	1	4	5
1	3	7	8	4	5	9	2	6
7	5	6	3	9	2	4	1	8
8	9	2	6	1	4	7	5	3
3	1	4	5	7	8	2	6	9

20

9	5	2	1	7	3	4	8	6
1	6	4	9	2	8	3	7	5
7	8	3	4	6	5	1	9	2
3	7	9	6	8	1	5	2	4
8	2	5	7	3	4	6	1	9
4	1	6	5	9	2	8	3	7
2	3	7	8	5	6	9	4	1
6	4	8	2	1	9	7	5	3
5	9	1	3	4	7	2	6	8

21

9	6	2	1	7	3	8	5	4
5	7	4	2	8	9	1	6	3
1	3	8	5	6	4	7	9	2
4	2	6	8	5	7	3	1	9
3	8	9	4	2	1	6	7	5
7	1	5	9	3	6	4	2	8
8	4	1	7	9	2	5	3	6
2	5	3	6	1	8	9	4	7
6	9	7	3	4	5	2	8	1

22

7	9	1	8	5	6	3	2	4
6	8	5	2	4	3	7	1	9
3	2	4	1	7	9	5	8	6
9	7	2	3	1	5	4	6	8
8	5	3	4	6	2	9	7	1
1	4	6	9	8	7	2	3	5
5	6	9	7	3	8	1	4	2
4	6	8	5	2	1	6	9	7
2	1	7	6	9	4	8	5	3

答案

越玩越聪明的数独

23

7	5	3	6	9	2	1	8	4
1	6	9	5	4	8	2	7	3
4	2	8	3	1	7	5	6	9
3	4	6	8	7	5	9	2	1
5	9	1	2	6	4	7	3	8
2	8	7	9	3	1	6	4	5
6	7	4	1	5	3	8	9	2
8	3	5	7	2	9	4	1	6
9	1	2	4	8	6	3	5	7

24

3	5	7	1	8	9	6	2	4
2	4	8	7	3	6	5	1	9
6	1	9	2	5	4	7	8	3
5	6	4	8	9	1	3	7	2
9	7	2	5	4	3	1	6	8
1	8	3	6	7	2	9	4	5
7	2	5	3	6	8	4	9	1
8	9	6	4	1	5	2	3	7
4	3	1	9	2	7	8	5	6

25

3	1	9	5	7	6	8	2	4
2	7	5	4	8	1	9	6	3
8	4	6	2	9	3	7	1	5
7	9	1	3	2	4	5	8	6
6	2	3	8	1	5	4	7	9
4	5	8	7	6	9	2	3	1
9	6	7	1	5	2	3	4	8
5	3	2	6	4	8	1	9	7
1	8	4	9	3	7	6	5	2

26

7	5	8	6	1	2	9	3	4
1	6	4	9	3	7	8	5	2
9	3	2	4	8	5	6	7	1
4	8	5	1	6	9	3	2	7
3	1	6	2	7	8	4	9	5
2	7	9	5	4	3	1	6	8
8	9	3	7	5	4	2	1	6
5	4	1	3	2	6	7	8	9
6	2	7	8	9	1	5	4	3

27

1	5	7	2	3	6	8	4	9
9	3	6	8	1	4	2	7	5
8	2	4	7	9	5	6	1	3
3	4	8	1	7	9	5	2	6
2	6	1	4	5	3	9	8	7
5	7	9	6	2	8	4	3	1
4	8	5	3	6	7	1	9	2
6	1	3	9	4	2	7	5	8
7	9	2	5	8	1	3	6	4

28

5	4	8	2	7	1	6	3	9
9	2	6	5	3	4	8	7	1
7	1	3	9	6	8	4	2	5
2	9	7	1	4	3	5	8	6
3	5	1	6	8	9	2	4	7
8	6	4	7	2	5	9	1	3
1	8	2	3	9	6	7	5	4
6	7	5	4	1	2	3	9	8
4	3	9	8	5	7	1	6	2

29

9	6	3	4	5	8	2	7	1
8	7	5	1	6	2	3	4	9
2	1	4	9	7	3	5	6	8
3	9	1	8	4	5	7	2	6
7	4	2	3	9	6	8	1	5
5	8	6	7	2	1	4	9	3
1	3	7	2	8	9	6	5	4
4	5	8	6	1	7	9	3	2
6	2	9	5	3	4	1	8	7

30

8	3	9	4	2	6	1	7	5
5	2	4	8	7	3	6	9	4
6	4	7	9	1	5	8	2	3
9	6	2	1	3	7	4	5	8
1	7	4	2	5	8	9	3	6
3	8	5	6	4	9	2	1	7
2	5	8	3	9	4	7	6	1
4	1	3	7	6	2	5	8	9
7	9	6	5	8	1	3	4	2

31

4	6	7	9	3	2	1	8	5
1	5	8	7	6	4	2	3	9
9	2	3	1	8	5	7	6	4
8	7	5	4	2	1	6	9	3
3	9	1	6	5	7	4	2	8
2	4	6	8	9	3	5	7	1
7	3	2	5	4	8	9	1	6
6	1	4	3	7	9	8	5	2
5	8	9	2	1	6	3	4	7

32

2	3	8	6	7	9	4	5	1
4	7	5	1	2	3	6	9	8
1	6	9	4	5	8	3	2	7
5	1	7	8	9	6	2	4	3
8	2	4	3	1	5	7	6	9
6	9	3	2	4	7	1	8	5
3	4	6	5	8	1	9	7	2
7	5	2	9	3	4	8	1	6
9	8	1	7	6	2	5	3	4

33

7	2	5	3	6	1	8	9	4
9	4	3	2	7	8	5	6	1
8	1	6	4	9	5	3	2	7
5	9	8	1	3	6	4	7	2
4	3	1	7	8	2	9	5	6
2	6	7	9	5	4	1	3	8
1	7	2	5	4	9	6	8	3
3	8	9	6	1	7	2	4	5
6	5	4	8	2	3	7	1	9

答案

YUEWANYUECONGMING DE SHUDU YOUXI

☆☆☆段位训练答案

34

5	3	1	4	9	8	2	7	6
4	7	9	1	6	2	3	5	8
2	6	8	7	5	3	4	1	9
3	5	7	6	1	4	8	9	2
6	8	2	5	3	9	7	4	1
1	9	4	2	8	7	6	3	5
8	2	3	9	4	5	1	6	7
7	1	5	3	2	6	9	8	4
9	4	6	8	7	1	5	2	3

35

1	5	7	4	6	9	3	2	8
9	8	6	1	2	3	7	5	4
4	2	3	5	8	7	1	9	6
3	9	2	8	5	1	4	6	7
7	6	8	2	9	4	5	3	1
5	1	4	7	3	6	9	8	2
2	7	5	9	1	8	6	4	3
6	4	9	3	7	2	8	1	5
8	3	1	6	4	5	2	7	9

36

3	1	8	6	2	7	9	4	5
9	7	6	8	5	4	2	3	1
5	2	4	1	9	3	8	6	7
4	9	2	3	1	5	6	7	8
6	5	3	7	8	2	1	9	4
1	8	7	9	4	6	5	2	3
7	3	5	2	6	8	4	1	9
2	4	9	5	7	1	3	8	6
8	6	1	4	3	9	7	5	2

37

2	6	1	7	3	9	8	5	4
3	5	9	1	4	8	7	2	6
7	4	8	5	6	2	3	1	9
9	8	3	6	5	7	2	4	1
1	7	6	3	2	4	9	8	5
4	2	5	8	9	1	6	7	3
8	1	4	9	7	6	5	3	2
6	3	2	4	8	5	1	9	7
5	9	7	2	1	3	4	6	8

38

1	6	5	9	4	8	3	7	2
2	8	3	1	6	7	9	4	5
9	4	7	3	2	5	6	8	1
8	1	6	7	5	3	2	9	4
5	3	9	4	1	2	7	6	8
7	2	4	6	8	9	1	5	3
6	7	2	8	3	4	5	1	9
3	9	8	5	7	1	4	2	6
4	5	1	2	9	6	8	3	7

39

4	2	7	9	8	3	5	6	1
9	5	1	7	6	2	3	8	4
6	3	8	4	5	1	2	9	7
8	7	4	2	3	9	1	5	6
5	6	2	8	1	7	4	3	9
3	1	9	5	4	6	7	2	8
1	9	6	3	2	4	8	7	5
2	4	5	6	7	8	9	1	3
7	8	3	1	9	5	6	4	2

40

9	4	5	2	7	8	1	6	3
7	8	1	6	3	5	2	4	9
2	6	3	4	9	1	7	8	5
1	3	6	8	5	9	4	7	2
4	2	7	1	6	3	5	9	8
8	5	9	7	2	4	6	3	1
6	1	2	9	8	7	3	5	4
5	7	8	3	4	2	9	1	6
3	9	4	5	1	6	8	2	7

41

1	3	6	4	8	7	2	5	9
8	7	5	2	3	9	1	4	6
9	4	2	6	1	5	8	3	7
6	9	3	5	7	2	4	1	8
5	8	4	9	6	1	3	7	2
2	1	7	3	4	8	6	9	5
4	6	8	7	5	3	9	2	1
3	5	9	1	2	6	7	8	4
7	2	1	8	9	4	5	6	3

42

4	7	3	1	6	8	5	2	9
1	2	9	3	5	4	8	7	6
8	5	6	9	2	7	1	4	3
2	9	8	6	4	1	7	3	5
3	1	7	5	8	2	9	6	4
6	4	5	7	3	9	2	8	1
9	6	4	8	7	5	3	1	2
7	3	1	2	9	6	4	5	8
5	8	2	4	1	3	6	9	7

43

6	5	2	8	4	1	3	9	7
7	3	1	9	2	6	8	5	4
8	9	4	5	3	7	2	6	1
5	7	8	3	9	2	1	4	6
4	2	3	1	6	5	9	7	8
9	1	6	7	8	4	5	2	3
1	6	7	2	5	3	4	8	9
3	8	5	4	7	9	6	1	2
2	4	9	6	1	8	7	3	5

44

9	2	3	6	1	7	8	4	5
4	1	7	3	8	5	9	2	6
5	8	6	4	9	2	1	7	3
8	4	1	9	5	6	2	3	7
6	7	9	8	2	3	4	5	1
3	5	2	1	7	4	6	8	9
2	9	5	7	6	8	3	1	4
7	6	4	2	3	1	5	9	8
1	3	8	5	4	9	7	6	2

45

1	6	4	9	7	2	3	8	5
3	7	8	1	6	5	2	4	9
5	2	9	3	4	8	7	6	1
7	8	3	2	1	6	5	9	4
4	5	6	7	8	9	1	3	2
2	9	1	5	3	4	6	7	8
8	1	2	6	9	3	4	5	7
6	4	7	8	5	1	9	2	3
9	3	5	4	2	7	8	1	6

答案

46

3	6	1	7	8	4	2	5	9
8	2	9	1	5	6	3	7	4
5	4	7	3	2	9	6	8	1
9	5	4	6	1	3	7	2	8
2	8	6	9	7	5	1	4	3
7	1	3	8	4	2	5	9	6
1	9	8	2	6	7	4	3	5
6	7	5	4	3	8	9	1	2
4	3	2	5	9	1	8	6	7

47

9	2	7	3	4	6	8	1	5
3	4	6	8	1	5	9	2	7
8	5	1	9	7	2	6	3	4
1	3	2	7	8	4	5	9	6
6	7	9	1	5	3	2	4	8
4	8	5	2	6	9	1	7	3
2	1	8	5	3	7	4	6	9
5	6	3	4	9	1	7	8	2
7	9	4	6	2	8	3	5	1

48

2	3	4	9	7	6	1	5	8
6	1	5	3	8	2	4	9	7
7	9	8	1	4	5	6	2	3
4	5	3	8	6	7	9	1	2
9	7	2	4	5	1	3	8	6
1	8	6	2	9	3	5	7	4
5	6	1	7	3	8	2	4	9
8	2	9	6	1	4	7	3	5
3	4	7	5	2	9	8	6	1

49

8	1	7	5	4	2	9	3	6
2	3	9	7	8	6	4	1	5
5	4	6	9	1	3	8	2	7
1	6	2	8	5	4	3	7	9
9	5	8	1	3	7	6	4	2
4	7	3	2	6	9	1	5	8
3	8	4	6	7	5	2	9	1
7	9	1	4	2	8	5	6	3
6	2	5	3	9	1	7	8	4

50

2	3	6	9	8	7	5	1	4
7	9	5	2	1	4	6	3	8
1	8	4	6	3	5	2	9	7
9	5	3	8	4	6	7	2	1
6	1	7	3	9	2	8	4	5
4	2	8	5	7	1	9	6	3
8	4	1	7	6	9	3	5	2
5	7	9	4	2	3	1	8	6
3	6	2	1	5	8	4	7	9

51

6	7	9	4	2	1	5	8	3
4	5	8	7	9	3	1	2	6
2	1	3	8	6	5	4	7	9
7	9	4	1	3	2	6	5	8
8	3	1	6	5	7	2	9	4
5	6	2	9	4	8	3	1	7
3	2	7	5	8	6	9	4	1
9	8	6	2	1	4	7	3	5
1	4	5	3	7	9	8	6	2

52

8	2	4	5	7	9	6	3	1
3	9	1	2	8	6	7	4	5
6	5	7	1	3	4	2	9	8
7	1	9	4	2	8	3	5	6
2	8	3	7	6	5	9	1	4
4	6	5	9	1	3	8	7	2
5	3	8	6	9	1	4	2	7
1	7	6	3	4	2	5	8	9
9	4	2	8	5	7	1	6	3

53

4	9	8	1	5	6	7	2	3
3	2	1	4	7	9	8	6	5
6	7	5	2	3	8	9	1	4
5	4	7	9	8	1	6	3	2
1	8	3	5	6	2	4	9	7
2	6	9	7	4	3	1	5	8
7	1	4	3	9	5	2	8	6
8	3	2	6	1	7	5	4	9
9	5	6	8	2	4	3	7	1

54

5	4	1	3	7	8	9	6	2
9	2	6	4	1	5	8	7	3
8	3	7	9	2	6	1	4	5
2	6	3	5	4	1	7	8	9
1	7	5	8	3	9	6	2	4
4	8	9	2	6	7	3	5	1
3	5	8	6	9	4	2	1	7
7	9	4	1	8	2	5	3	6
6	1	2	7	5	3	4	9	8

55

9	7	8	2	6	5	1	4	3
6	4	3	1	7	9	8	5	2
1	2	5	3	4	8	7	6	9
5	8	1	6	9	7	3	2	4
7	6	4	5	3	2	9	1	8
2	3	9	8	1	4	6	7	5
3	9	7	4	5	6	2	8	1
8	5	6	9	2	1	4	3	7
4	1	2	7	8	3	5	9	6

56

4	2	1	3	5	6	8	9	7
3	6	7	8	4	9	1	2	5
9	5	8	1	2	7	6	4	3
8	7	6	5	9	2	4	3	1
5	3	9	4	7	1	2	8	6
1	4	2	6	8	3	7	5	9
7	9	4	2	1	5	3	6	8
6	8	5	7	3	4	9	1	2
2	1	3	9	6	8	5	7	4

57

6	7	9	1	5	8	4	3	2
5	2	3	7	4	9	8	1	6
1	4	8	2	6	3	5	9	7
9	6	2	3	8	4	1	7	5
7	8	4	9	1	5	2	6	3
3	1	5	6	2	7	9	8	4
8	9	7	4	3	2	6	5	1
2	3	6	5	9	1	7	4	8
4	5	1	8	7	6	3	2	9

答案

越玩越聪明的数独游戏

58

5	3	7	4	2	9	8	6	1
6	2	4	3	1	8	9	7	5
8	1	9	6	7	5	3	2	4
2	7	8	5	6	3	1	4	9
9	6	1	2	8	4	5	3	7
4	5	3	1	9	7	2	8	6
7	4	2	8	5	1	6	9	3
3	8	5	9	4	6	7	1	2
1	9	6	7	3	2	4	5	8

59

1	5	8	2	6	4	9	7	3
6	2	3	5	7	9	4	8	1
9	7	4	8	3	1	5	6	2
7	9	6	1	4	3	2	5	8
2	8	1	7	9	5	3	4	6
3	4	5	6	8	2	7	1	9
5	6	7	3	2	8	1	9	4
4	1	2	9	5	6	8	3	7
8	3	9	4	1	7	6	2	5

60

5	2	4	1	7	9	8	3	6
3	9	1	8	5	6	4	2	7
6	8	7	3	4	2	5	9	1
7	4	9	6	2	3	1	8	5
1	6	2	7	8	5	9	4	3
8	5	3	4	9	1	7	6	2
9	1	6	5	3	4	2	7	8
4	3	8	2	1	7	6	5	9
2	7	5	9	6	8	3	1	4

61

7	8	1	2	6	9	3	4	5
3	2	4	7	1	5	6	9	8
5	6	9	4	3	8	1	2	7
2	9	7	3	5	4	8	1	6
4	5	3	1	8	6	9	7	2
8	1	6	9	7	2	5	3	4
9	3	8	6	4	7	2	5	1
6	4	2	5	9	1	7	8	3
1	7	5	8	2	3	4	6	9

62

4	8	7	6	1	9	3	5	2
3	1	2	7	8	5	4	9	6
6	9	5	3	2	4	8	1	7
7	4	6	9	3	2	1	8	5
1	5	8	4	7	6	2	3	9
9	2	3	1	5	8	7	6	4
2	3	9	5	4	1	6	7	8
8	6	1	2	9	7	5	4	3
5	7	4	8	6	3	9	2	1

63

8	1	4	5	9	7	3	2	6
3	5	6	8	1	2	9	4	7
2	9	7	3	6	4	5	1	8
4	3	8	2	7	5	6	9	1
9	7	1	4	3	6	2	8	5
5	6	2	9	8	1	4	7	3
1	8	5	6	2	9	7	3	4
6	2	3	7	4	8	1	5	9
7	4	9	1	5	3	8	6	2

64

5	6	4	8	2	1	3	7	9
2	3	1	7	5	9	8	4	6
9	8	7	6	3	4	1	5	2
7	9	6	1	4	5	2	8	3
4	5	8	3	6	2	7	9	1
1	2	3	9	8	7	4	6	5
3	1	5	4	7	6	9	2	8
8	7	2	5	9	3	6	1	4
6	4	9	2	1	8	5	3	7

65

9	6	2	3	4	1	5	7	8
5	3	8	7	2	9	1	6	4
1	7	4	5	6	8	2	3	9
7	5	1	2	8	3	9	4	6
2	9	3	4	5	6	7	8	1
8	4	6	1	9	7	3	5	2
4	2	7	8	1	5	6	9	3
6	8	5	9	3	2	4	1	7
3	1	9	6	7	4	8	2	5

☆☆☆☆段位训练答案

66

2	1	4	6	5	3	9	8	7
8	6	9	7	4	2	3	5	1
5	7	3	8	9	1	6	2	4
3	4	7	5	8	9	1	6	2
1	9	8	3	2	6	4	7	5
6	2	5	4	1	7	8	3	9
7	8	2	9	3	4	5	1	6
4	5	6	1	7	8	2	9	3
9	3	1	2	6	5	7	4	8

67

9	5	4	2	3	1	7	8	6
1	7	3	4	6	8	9	2	5
8	6	2	9	5	7	4	3	1
6	9	1	8	7	5	3	4	2
2	3	5	6	9	4	8	1	7
7	4	8	3	1	2	6	5	9
3	1	7	5	4	6	2	9	8
4	8	6	1	2	9	5	7	3
5	2	9	7	8	3	1	6	4

68

4	2	1	6	9	3	8	7	5
7	6	8	2	4	5	3	9	1
9	3	5	8	7	1	4	2	6
8	4	2	1	6	7	5	3	9
3	5	9	4	2	8	6	1	7
1	7	6	5	3	9	2	8	4
6	9	7	3	8	4	1	5	2
5	8	4	7	1	2	9	6	3
2	1	3	9	5	6	7	4	8

69

1	2	8	9	7	6	4	3	5
9	7	5	8	4	3	1	2	6
4	3	6	5	1	2	7	9	8
3	1	9	2	6	8	5	7	4
2	5	4	7	9	1	6	8	3
8	5	7	3	5	4	2	1	9
6	4	2	1	3	9	8	5	7
7	9	1	6	8	5	3	4	2
5	8	3	4	2	7	9	6	1

70

5	6	2	9	4	7	1	3	8
9	7	3	8	5	1	6	2	4
8	4	1	6	2	3	7	9	5
6	8	4	5	1	9	2	7	3
1	3	7	4	8	2	9	5	6
2	9	5	3	7	6	8	4	1
3	1	9	7	6	5	4	8	2
4	5	6	2	9	8	3	1	7
7	2	8	1	3	4	5	6	9

71

4	8	3	2	1	6	5	9	7
9	1	6	7	5	8	4	2	3
7	5	2	9	4	3	6	8	1
6	4	5	3	7	9	8	1	2
8	3	9	5	2	1	7	6	4
1	2	7	8	6	4	9	3	5
2	6	8	4	3	5	1	7	9
3	9	4	1	8	7	2	5	6
5	7	1	6	9	2	3	4	8

72

1	4	7	2	6	3	5	8	9
8	5	6	9	4	1	2	3	7
9	2	3	7	5	8	4	6	1
6	7	2	1	9	5	8	4	3
5	3	9	6	8	4	1	7	2
4	1	8	3	2	7	6	9	5
3	9	4	8	1	2	7	5	6
7	8	1	5	3	6	9	2	4
2	6	5	4	7	9	3	1	8

73

6	4	9	7	3	2	1	8	5
7	5	2	6	1	8	3	4	9
3	1	8	4	5	9	2	7	6
8	3	5	2	6	1	4	9	7
9	7	6	8	4	3	5	2	1
4	2	1	5	9	7	8	6	3
1	8	3	9	2	6	7	5	4
2	6	4	3	7	5	9	1	8
5	9	7	1	8	4	6	3	2

74

2	9	8	5	4	6	3	1	7
5	6	4	7	1	3	2	9	8
1	7	3	8	9	2	4	6	5
6	2	1	4	5	9	8	7	3
9	3	5	2	8	7	1	4	6
4	8	7	3	6	1	9	5	2
7	5	2	1	3	4	6	8	9
8	1	9	6	2	5	7	3	4
3	4	6	9	7	8	5	2	1

75

8	3	1	6	5	9	7	4	2
2	6	9	4	7	1	3	5	8
4	5	7	3	8	2	6	9	1
6	2	5	1	9	4	8	7	3
7	8	4	5	6	3	2	1	9
9	1	3	8	2	7	5	6	4
3	7	6	9	1	8	4	2	5
5	9	8	2	4	6	1	3	7
1	4	2	7	3	5	9	8	6

76

9	5	2	8	4	3	6	1	7
3	1	6	5	2	7	9	8	4
8	7	4	6	1	9	5	2	3
2	8	7	4	6	1	3	5	9
4	9	3	2	7	5	1	6	8
5	6	1	3	9	8	4	7	2
6	3	9	1	8	2	7	4	5
1	2	5	7	3	4	8	9	6
7	4	8	9	5	6	2	3	1

77

3	4	7	8	6	5	9	1	2
8	1	5	2	3	9	4	6	7
2	9	6	7	1	4	8	3	5
7	6	8	1	4	3	5	2	9
9	5	4	6	7	2	1	8	3
1	2	3	5	9	8	6	7	4
6	7	9	3	5	1	2	4	8
5	3	2	4	8	6	7	9	1
4	8	1	9	2	7	3	5	6

78

6	4	7	1	5	2	9	3	8
9	5	8	6	4	3	7	1	2
3	1	2	8	9	7	6	5	4
8	3	4	5	2	6	1	7	9
7	2	5	3	1	9	4	8	6
1	6	9	7	8	4	3	2	5
4	9	3	2	7	5	8	6	1
2	8	6	4	3	1	5	9	7
5	7	1	9	6	8	2	4	3

79

4	7	2	1	5	9	8	3	6
1	9	6	3	2	8	4	7	5
3	5	8	6	7	4	2	1	9
5	6	1	8	3	7	9	4	2
9	4	7	2	6	1	5	8	3
2	8	3	9	4	5	7	6	1
8	2	4	5	1	6	3	9	7
7	1	5	4	9	3	6	2	8
6	3	9	7	8	2	1	5	4

80

5	2	1	4	3	8	9	7	6
7	8	4	1	6	9	2	5	3
3	9	6	7	5	2	8	1	4
2	4	3	6	1	7	5	9	8
1	5	7	9	8	3	6	4	2
9	6	8	5	2	4	7	3	1
4	3	5	8	9	6	1	2	7
8	1	2	3	7	5	4	6	9
6	7	9	2	4	1	3	8	5

81

3	5	6	4	8	7	2	1	9
2	8	9	1	3	5	6	7	4
4	7	1	2	6	9	5	8	3
9	6	7	3	2	4	1	5	8
5	1	4	9	7	8	3	2	6
8	2	3	6	5	1	9	4	7
7	3	8	5	9	2	4	6	1
6	4	5	7	1	3	8	9	2
1	9	2	8	4	6	7	3	5

答案

越玩越聪明的数独

82

4	6	1	9	5	7	3	2	8
8	3	2	6	1	4	7	9	5
7	5	9	8	2	3	6	4	1
2	7	4	3	9	1	8	5	6
9	1	6	4	8	5	2	7	3
3	8	5	2	7	6	9	1	4
5	4	3	7	6	2	1	8	9
6	9	7	1	4	8	5	3	2
1	2	8	5	3	9	4	6	7

83

9	3	8	2	6	7	4	1	5
2	1	6	9	4	5	7	3	8
4	7	5	8	1	3	6	9	2
3	9	4	5	7	2	8	6	1
7	5	1	3	8	6	2	4	9
6	8	2	1	9	4	5	7	3
8	2	7	6	3	1	9	5	4
1	4	9	7	5	8	3	2	6
5	6	3	4	2	9	1	8	7

84

1	2	7	3	5	4	9	6	8
4	6	8	2	7	9	5	1	3
3	5	9	8	6	1	2	4	7
6	3	5	9	4	8	1	7	2
2	8	4	6	1	7	3	5	9
7	9	1	5	2	3	4	8	6
8	4	6	1	9	2	7	3	5
5	7	2	4	3	6	8	9	1
9	1	3	7	8	5	6	2	4

85

1	3	6	8	7	2	4	9	5
7	8	9	5	3	4	1	6	2
2	4	5	1	6	9	3	8	7
9	1	3	4	8	7	5	2	6
8	7	4	6	2	5	9	1	3
5	6	2	3	9	1	8	7	4
3	2	1	7	5	8	6	4	9
4	5	7	9	1	6	2	3	8
6	9	8	2	4	3	7	5	1

86

5	2	3	8	9	1	6	7	4
9	6	8	7	4	2	1	5	3
1	7	4	5	3	6	2	9	8
6	5	7	2	1	4	8	3	9
3	1	2	9	8	5	4	6	7
4	8	9	3	6	7	5	2	1
7	9	6	4	5	8	3	1	2
8	3	5	1	2	9	7	4	6
2	4	1	6	7	3	9	8	5

87

2	7	3	1	6	8	9	5	4
9	5	4	3	7	2	6	1	8
6	8	1	5	4	9	7	3	2
7	9	6	4	2	1	3	8	5
5	1	8	7	9	3	2	4	6
4	3	2	6	8	5	1	7	9
8	6	7	2	3	4	5	9	1
1	2	9	8	5	7	4	6	3
3	4	5	9	1	6	8	2	7

88

8	2	6	1	4	9	5	3	7
5	1	4	7	3	6	9	2	8
7	3	9	2	5	8	1	4	6
3	9	8	6	2	7	4	1	5
1	6	5	3	9	4	7	8	2
2	4	7	5	8	1	3	6	9
6	8	1	4	7	5	2	9	3
4	5	3	9	6	2	8	7	1
9	7	2	8	1	3	6	5	4

89

8	6	5	9	4	7	3	1	2
2	9	7	5	3	1	4	8	6
4	1	3	6	2	8	5	7	9
9	7	2	3	8	4	1	6	5
3	5	6	1	7	9	8	2	4
1	8	4	2	6	5	7	9	3
5	3	9	8	1	2	6	4	7
7	2	8	4	5	6	9	3	1
6	4	1	7	9	3	2	5	8

90

4	5	9	6	8	1	3	2	7
3	7	1	9	2	5	8	6	4
6	8	2	7	4	3	5	1	9
5	1	6	4	7	9	2	8	3
2	4	8	5	3	6	9	7	1
9	3	7	2	1	8	6	4	5
1	6	5	8	9	7	4	3	2
8	2	3	1	5	4	7	9	6
7	9	4	3	6	2	1	5	8

91

1	7	2	9	4	8	6	5	3
3	5	4	7	1	6	8	9	2
6	9	8	3	5	2	7	1	4
8	3	9	2	7	1	5	4	6
7	4	6	5	8	9	3	2	1
2	1	5	4	6	3	9	8	7
9	8	3	1	2	7	4	6	5
5	6	1	8	3	4	2	7	9
4	2	7	6	9	5	1	3	8

92

8	2	1	3	6	7	9	5	4
6	9	4	2	5	8	7	3	1
5	7	3	1	9	4	2	8	6
7	5	9	4	8	2	1	6	3
4	1	2	6	7	3	5	9	8
3	8	6	9	1	5	4	2	7
1	6	5	7	3	9	8	4	2
9	4	7	8	2	6	3	1	5
2	3	8	5	4	1	6	7	9

93

1	7	3	5	4	9	8	2	6
6	4	8	1	2	7	5	3	9
5	2	9	8	6	3	7	4	1
2	3	1	7	8	5	9	6	4
8	5	6	3	9	4	2	1	7
7	9	4	2	1	6	3	5	8
4	6	2	9	3	8	1	7	5
9	1	7	4	5	2	6	8	3
3	8	5	6	7	1	4	9	2

答案

94

1	7	2	8	5	9	4	3	6
9	8	3	4	2	6	7	5	1
4	6	5	1	3	7	9	8	2
8	2	4	3	6	1	5	9	7
3	9	7	5	8	2	1	6	4
5	1	6	9	7	4	8	2	3
7	3	1	6	9	5	2	4	8
2	5	8	7	4	3	6	1	9
6	4	9	2	1	8	3	7	5

95

9	4	7	2	1	6	5	8	3
5	1	6	8	4	3	2	7	9
2	3	8	9	5	7	1	4	6
7	5	3	4	8	1	6	9	2
4	8	1	6	2	9	3	5	7
6	9	2	3	7	5	4	1	8
1	7	9	5	6	2	8	3	4
8	2	5	7	3	4	9	6	1
3	6	4	1	9	8	7	2	5

96

5	6	3	1	4	8	7	9	2
9	2	1	3	7	5	8	6	4
7	8	4	9	6	2	5	3	1
4	5	2	6	3	9	1	7	8
3	1	9	5	8	7	2	4	6
6	7	8	4	2	1	3	5	9
8	9	7	2	5	6	4	1	3
1	4	5	8	9	3	6	2	7
2	3	6	7	1	4	9	8	5

97

2	8	9	3	4	7	6	1	5
7	5	4	1	8	6	2	3	9
1	3	6	9	5	2	4	7	8
9	2	8	6	3	4	1	5	7
5	4	1	7	2	8	3	9	6
6	7	3	5	9	1	8	4	2
8	9	5	4	6	3	7	2	1
3	6	7	2	1	9	5	8	4
4	1	2	8	7	5	9	6	3

98

7	9	4	1	2	3	6	8	5
1	6	3	8	4	5	7	9	2
2	8	5	9	6	7	1	4	3
8	7	1	2	5	9	4	3	6
4	3	2	7	1	6	8	5	9
9	5	6	4	3	8	2	1	7
3	4	8	5	7	2	9	6	1
6	2	9	3	8	1	5	7	4
5	1	7	6	9	4	3	2	8

99

2	5	1	8	4	9	7	6	3
7	4	9	2	3	6	5	1	8
8	3	6	7	5	1	4	9	2
9	2	5	3	1	4	8	7	6
1	6	8	5	2	7	3	4	9
3	7	4	6	9	8	1	2	5
5	1	7	9	8	2	6	3	4
6	8	2	4	7	3	9	5	1
4	9	3	1	6	5	2	8	7

☆☆☆☆☆段位训练答案

100

6	2	4	9	7	5	1	3	8
7	1	5	3	4	8	2	6	9
8	3	9	6	2	1	4	5	7
2	5	8	7	1	9	3	4	6
9	7	3	5	6	4	8	2	1
1	4	6	2	8	3	7	9	5
4	9	7	8	5	2	6	1	3
5	8	2	1	3	6	9	7	4
3	6	1	4	9	7	5	8	2

101

5	9	8	7	6	1	3	2	4
4	3	1	2	9	5	8	6	7
7	6	2	4	8	3	5	9	1
8	5	7	6	1	4	9	3	2
6	1	4	9	3	2	7	8	5
9	2	3	5	7	8	4	1	6
2	4	9	8	5	6	1	7	3
1	8	5	3	2	7	6	4	9
3	7	6	1	4	9	2	5	8

102

2	5	6	3	1	7	8	9	4
8	4	3	5	9	2	6	7	1
7	1	9	4	8	6	3	2	5
1	2	7	8	6	4	5	3	9
3	6	8	7	5	9	1	4	2
5	9	4	1	2	3	7	8	6
4	7	5	2	3	1	9	6	8
9	8	2	6	7	5	4	1	3
6	3	1	9	4	8	2	5	7

103

5	2	7	8	3	1	4	9	6
1	9	6	4	7	5	3	8	2
3	8	4	9	6	2	7	1	5
4	7	9	2	1	6	5	3	8
2	5	3	7	9	8	6	4	1
6	1	8	3	5	4	2	7	9
8	6	5	1	4	3	9	2	7
7	3	1	6	2	9	8	5	4
9	4	2	5	8	7	1	6	3

104

6	9	1	8	2	7	3	5	4
2	4	5	3	9	1	6	7	8
7	8	3	4	6	5	2	9	1
9	2	7	5	4	8	1	6	3
8	1	4	9	3	6	7	2	5
5	3	6	1	7	2	4	8	9
4	7	8	6	1	9	5	3	2
3	6	9	2	5	4	8	1	7
1	5	2	7	8	3	9	4	6

105

1	9	5	6	2	4	8	3	7
6	3	7	9	8	1	2	5	4
4	8	2	5	3	7	6	1	9
9	1	3	8	4	5	7	6	2
7	2	8	1	6	9	3	4	5
5	6	4	2	7	3	1	9	8
8	4	6	3	5	2	9	7	1
3	5	1	7	9	8	4	2	6
2	7	9	4	1	6	5	8	3

越玩越聪明的数独

106

3	7	8	5	2	4	1	6	9
2	5	9	3	1	6	8	4	7
4	6	1	8	9	7	3	5	2
5	3	7	1	6	2	4	9	8
8	1	2	9	4	3	5	7	6
6	9	4	7	5	8	2	3	1
1	2	3	6	7	5	9	8	4
7	4	5	2	8	9	6	1	3
9	8	6	4	3	1	7	2	5

107

3	8	4	2	5	6	9	1	7
1	6	5	8	7	9	4	3	2
2	7	9	4	1	3	8	6	5
8	2	6	5	3	1	7	9	4
4	9	1	7	2	8	6	5	3
7	5	3	9	6	4	1	2	8
6	4	2	1	8	5	3	7	9
9	3	7	6	4	2	5	8	1
5	1	8	3	9	7	2	4	6

108

8	2	7	4	3	6	1	9	5
3	4	5	8	1	9	7	6	2
9	1	6	7	2	5	8	4	3
5	9	2	3	7	1	6	8	4
1	6	8	2	5	4	3	7	9
4	7	3	6	9	8	5	2	1
7	3	9	5	8	2	4	1	6
6	5	1	9	4	7	2	3	8
2	8	4	1	6	3	9	5	7

109

7	6	2	5	4	9	8	1	3
1	5	9	7	3	8	2	6	4
8	3	4	1	6	2	9	5	7
4	2	1	9	7	3	5	8	6
5	9	3	6	8	1	7	4	2
6	8	7	4	2	5	3	9	1
9	4	8	2	1	7	6	3	5
2	1	5	3	9	6	4	7	8
3	7	6	8	5	4	1	2	9

110

2	6	8	1	9	5	4	7	3
7	3	4	8	2	6	5	1	9
5	1	9	3	4	7	2	8	6
4	8	1	5	6	9	7	3	2
9	7	2	4	1	3	6	5	8
3	5	6	2	7	8	1	9	4
6	4	7	9	3	1	8	2	5
8	2	3	7	5	4	9	6	1
1	9	5	6	8	2	3	4	7

111

9	2	7	5	6	3	4	8	1
1	8	3	2	4	9	7	6	5
4	5	6	7	8	1	3	9	2
6	3	5	1	2	8	9	7	4
7	4	9	6	3	5	2	1	8
2	1	8	9	7	4	5	3	6
8	6	4	3	5	7	1	2	9
5	7	1	8	9	2	6	4	3
3	9	2	4	1	6	8	5	7

112

7	3	1	2	9	4	5	6	8
9	2	6	1	5	8	4	3	7
8	5	4	6	7	3	2	1	9
1	7	2	3	6	9	8	5	4
5	4	8	7	1	2	6	9	3
3	6	9	8	4	5	7	2	1
4	1	5	9	2	7	3	8	6
6	8	7	5	3	1	9	4	2
2	9	3	4	8	6	1	7	5

113

6	9	7	4	3	5	8	1	2
5	3	1	7	8	2	4	9	6
8	2	4	1	6	9	3	7	5
9	8	3	5	1	4	2	6	7
4	7	5	9	2	6	1	8	3
2	1	6	3	7	8	5	4	9
3	6	2	8	4	7	9	5	1
1	4	9	6	5	3	7	2	8
7	5	8	2	9	1	6	3	4

114

7	6	1	2	8	9	5	4	3
8	5	2	4	1	3	9	7	6
9	3	4	7	6	5	8	1	2
6	8	5	9	3	7	4	2	1
3	1	9	6	4	2	7	5	8
2	4	7	1	5	8	6	3	9
4	7	8	3	2	6	1	9	5
1	2	6	5	9	4	3	8	7
5	9	3	8	7	1	2	6	4

115

6	1	7	9	4	2	8	3	5
4	9	3	8	7	5	6	2	1
5	8	2	1	3	6	4	7	9
7	4	9	2	6	3	1	5	8
3	5	8	4	9	1	2	6	7
1	2	6	5	8	7	3	9	4
2	6	1	7	5	4	9	8	3
8	3	5	6	1	9	7	4	2
9	7	4	3	2	8	5	1	6

116

8	4	2	1	9	3	7	6	5
9	7	3	2	6	5	4	1	8
5	1	6	7	4	8	3	9	2
6	8	5	9	3	4	2	7	1
4	3	7	6	1	2	8	5	9
2	9	1	5	8	7	6	4	3
7	6	8	3	5	9	1	2	4
1	5	4	8	2	6	9	3	7
3	2	9	4	7	1	5	8	6

117

5	3	1	9	6	8	7	4	2
8	9	4	3	2	7	5	6	1
6	2	7	5	1	4	3	9	8
3	5	6	8	4	2	1	7	9
4	8	2	7	9	1	6	5	3
1	7	9	6	3	5	8	2	4
2	4	3	1	5	6	9	8	7
7	1	5	2	8	9	4	3	6
9	6	8	4	7	3	2	1	5

118

5	9	6	3	8	7	4	1	2
7	1	3	4	9	2	8	5	6
2	4	8	6	5	1	3	7	9
3	5	2	7	6	4	1	9	8
6	7	1	9	2	8	5	4	3
9	8	4	1	3	5	2	6	7
1	2	5	8	7	6	9	3	4
8	6	9	5	4	3	7	2	1
4	3	7	2	1	9	6	8	5

119

5	1	6	4	3	9	7	8	2
3	8	4	7	1	2	5	6	9
2	7	9	5	6	8	4	1	3
8	2	3	6	9	4	1	7	5
4	5	7	2	8	1	9	3	6
9	6	1	3	5	7	2	4	8
7	3	2	9	4	6	8	5	1
6	4	8	1	2	5	3	9	7
1	9	5	8	7	3	6	2	4

120

1	8	5	2	3	4	6	7	9
7	4	2	1	6	9	5	3	8
3	6	9	5	8	7	2	4	1
4	9	6	7	2	8	1	5	3
2	3	8	4	1	5	9	6	7
5	1	7	6	9	3	8	2	4
9	7	3	8	5	6	4	1	2
8	5	1	3	4	2	7	9	6
6	2	4	9	7	1	3	8	5

121

8	6	5	3	4	9	1	2	7
4	2	9	5	1	7	8	6	3
7	1	3	8	2	6	5	4	9
8	4	8	2	7	1	3	9	6
2	3	6	4	9	8	7	1	5
9	7	1	6	3	5	4	8	2
3	5	4	9	8	2	6	7	1
1	8	2	7	6	3	9	5	4
6	9	7	1	5	4	2	3	8

122

9	5	6	3	4	7	1	2	8
2	8	1	9	5	6	4	3	7
3	7	4	1	2	8	9	6	5
8	6	3	4	7	1	5	9	2
4	2	9	5	6	3	8	7	1
7	1	5	2	8	9	3	4	6
5	3	8	6	9	2	7	1	4
1	4	2	7	3	5	6	8	9
6	9	7	8	1	4	2	5	3

123

4	8	3	1	9	6	5	2	7
5	7	1	3	4	2	6	9	8
2	6	9	8	5	7	4	1	3
3	9	6	5	8	1	2	7	4
7	1	2	6	3	4	8	5	9
8	5	4	7	2	9	3	6	1
6	2	8	9	1	3	7	4	5
1	3	7	4	6	5	9	8	2
9	4	5	2	7	8	1	3	6

124

8	1	9	2	6	3	5	4	7
7	5	6	4	8	9	3	1	2
2	4	3	5	7	1	8	6	9
3	6	1	8	4	2	9	7	5
5	2	4	1	9	7	6	8	3
9	7	8	6	3	5	4	2	1
6	3	7	9	2	4	1	5	8
4	9	5	7	1	8	2	3	6
1	8	2	3	5	6	7	9	4

125

1	9	7	5	6	8	3	2	4
2	4	3	9	1	7	8	5	6
8	5	6	3	4	2	7	9	1
3	8	2	4	5	9	1	6	7
7	1	9	6	8	3	2	4	5
4	6	5	2	7	1	9	3	8
9	7	4	8	2	6	5	1	3
6	3	1	7	9	5	4	8	2
5	2	8	1	3	4	6	7	9

126

1	6	9	7	8	2	5	3	4
2	4	5	9	3	1	7	6	8
7	3	8	5	4	6	9	2	1
9	8	4	2	5	3	1	7	6
6	2	3	8	1	7	4	9	5
5	1	7	6	9	4	3	8	2
8	5	1	3	6	9	2	4	7
4	9	2	1	7	8	6	5	3
3	7	6	4	2	5	8	1	9

127

8	9	1	4	3	6	2	5	7
5	2	4	9	7	8	6	3	1
6	3	7	2	5	1	9	8	4
4	8	6	7	9	5	1	2	3
7	1	3	8	2	4	5	6	9
9	5	2	6	1	3	4	7	8
2	7	5	3	4	9	8	1	6
3	6	9	1	8	2	7	4	5
1	4	8	5	6	7	3	9	2

128

1	4	5	2	6	3	8	7	9
3	6	2	8	9	7	1	5	4
9	8	7	1	4	5	2	3	6
2	1	8	7	5	6	4	9	3
5	7	9	4	3	8	6	2	1
4	3	6	9	2	1	5	8	7
7	2	1	3	8	4	9	6	5
8	5	3	6	1	9	7	4	2
6	9	4	5	7	2	3	1	8

129

7	9	1	5	8	3	4	2	6
4	5	6	1	2	7	9	3	8
8	2	3	4	9	6	1	7	5
3	6	2	9	7	5	8	4	1
9	4	7	6	1	8	3	5	2
5	1	8	3	4	2	6	9	7
6	8	4	2	5	9	7	1	3
2	7	9	8	3	1	5	6	4
1	3	5	7	6	4	2	8	9

答案

130

6	5	9	1	8	3	7	2	4
1	7	4	6	2	5	8	9	3
8	3	2	9	4	7	5	6	1
3	6	5	2	9	8	1	4	7
9	8	1	4	7	6	3	5	2
2	4	7	5	3	1	9	8	6
7	1	6	8	5	2	4	3	9
4	2	8	3	1	9	6	7	5
5	9	3	7	6	4	2	1	8

131

9	2	1	4	7	5	8	3	6
4	5	6	2	3	8	7	1	9
8	7	3	6	9	1	4	2	5
3	4	8	5	2	6	9	7	1
6	1	5	7	8	9	3	4	2
2	9	7	1	4	3	5	6	8
7	6	2	9	5	4	1	8	3
1	8	9	3	6	7	2	5	4
5	3	4	8	1	2	6	9	7